MANUSCRITO DESAPARECIDO EN NORMADAT

EDICIÓN FACSÍMIL DE LA WEB
https://manuscrito-desaparecido.cansinos.org/

ARCA EDICIONES, 2023
EDICIONES FACSIMILARES **DE LA FUNDACIÓN CANSINOS ASSENS**

Versión 05.17092023

© ARCA EDICIONES, cansinos.com
   FUNDACIÓN ARCHIVO RAFAEL CANSINOS ASSENS

Cualquier marca comercial citada es propiedad de sus respectivos dueños.

ISBN: 978-84-15957-28-7
D. L.: M-6118-2024   *Printed in Spain*

CONTENIDO

Manuscrito de Rafael Cansinos Assens desaparecido en Normadat

Un manuscrito de una obra inédita de Rafael Cansinos Assens desapareció en 2012 en una empresa en la que había sido depositado para su digitalización. La Fundación-ARCA, responsable de la custodia del mismo, no puede precisar si fue hurtado, robado, destruido de forma voluntaria o accidental, escondido o perdido en las instalaciones de la empresa de gestión documental y seguridad de la información Normadat S.A., sita en San Sebastián de los Reyes en Madrid. Dadas las características del manuscrito –fue entregado, mediante un recibí, con otros de tipología similar pero era el único que formaba una unidad documental completa y estaba firmado por el autor– y las circunstancias de su digitalización en Normadat, lo más verosímil es suponer que fuera sustraído. Al director de la Fundación le consta que Normadat incumplió protocolos de seguridad y de sentido común al realizar la digitalización en una sala industrial por la que circulaban a diario decenas de personas, accesible incluso a las visitas, cuando estaba convencido de que el trabajo se estaba realizando en un bunker de alta seguridad. El director de la Fundación-ARCA puso una denuncia ante la Brigada de Patrimonio Histórico que abrió una investigación. La Brigada de Patrimonio Histórico dio de alta toda la información relativa al manuscrito en los canales que Interpol mantiene para estos casos.

Este sitio web, publicado desde agosto de 2014 tras un largo periodo de silencio por recomendación de la policía, tiene como finalidad dificultar cualquier transmisión del documento y facilitar el mayor número de datos posibles que puedan ayudar a la recuperación de este manuscrito de Rafael Cansinos Assens desaparecido en Normadat. Si usted, a la vista de la información y datos reseñados en este sitio web, conoce alguna circunstancia relevante que nos ayude a localizar el manuscrito, le rogamos que contacte con la Fundación o con cualquier comisaría española para que lo comuniquen a la Brigada de Patrimonio Históricocon la referencia "Caso el sefardí".

Un importante manuscrito de **Rafael Cansinos Assens** ha desaparecido por la falta de diligencia y el comportamiento temerario de la empresa **Normadat.**

Cronología y datos de la desaparición del manuscrito en Normadat

Si usted ha llegado hasta aquí puede que tenga alguna referencia del manuscrito desaparecido en las instalaciones de Normadat S.A. Leyendo los datos exhaustivos que facilitamos a continuación quizá se le encienda una luz que nos ayude a localizar el manuscrito.

2010

La Fundación tiene su sede en Sevilla. Solicita subvenciones al Ayuntamiento de Sevilla y al Ministerio de Cultura para digitalizar su valioso archivo. Tras un estudio de la oferta en Madrid, donde estaba el bunker en el que se conservaba su valioso archivo, selecciona a las empresas Vinfra S. A. y Normadat S. A.

2011

Julio: La Fundación inicia el traslado de su sede a Madrid.

Diciembre: La Fundación visita las instalaciones de Vinfra y Normadat para comprobar sus medios de digitalización y de custodia. La Fundación elige realizar el trabajo con Normadat S. A.

2012

25 de enero: La Fundación entrega en Normadat la primera tanda de digitalización, que se compone de los Diarios de la Guerra Civil de Rafael Cansinos Assens. Se entregan 167 cuadernos con aproximadamente 8.000 páginas manuscritas. Se firma con un director comercial el documento de recepción tras haber sido debidamente revisado y comprobado el listado de las 167 unidades documentales. Los manuscritos de Cansinos Assens quedan depositados en el bunker para su digitalización.

20 de marzo: A las 12:00 la Fundación entrega la segunda tanda de digitalización. Son dos archivadores de anillas conteniendo las Memorias de Sharon en 146 carpetillas de plástico transparente. El director de la Fundación también entrega un disco duro externo para que se graben las digitalizaciones de la primera tanda. Le comunican que la grabación tardará dos horas, por lo que el director de la Fundación regresa dos horas después a las instalaciones de Normadat donde le devuelven todo el material ya digitalizado de la primera tanda, el disco duro con las imágenes y el documento de recepción de la segunda tanda que especifica las 146 unidades documentales que contiene.

El director de la Fundación se marcha convencido de que los manuscritos de Cansinos Assens habían quedado depositados en el bunker para su digitalización.

21 de marzo: La Fundación tiene constancia de que hacia las 17:00 h una escanista de Normadat comprobó el contenido de los dos archivadores de anillas con el listado de las 146 unidades documentales que figuraban en el documento de recepción. La carpetilla número 44 estaba vacía. Este folder contenía un manuscrito completo, con título y firma, de 172 hojas. No informan a la Fundación del hecho.

TODOS LOS DATOS QUE CONOCEMOS DEL MOMENTO DE LA DESAPARICIÓN:

Los siguientes datos proceden de la amplia documentación con la que cuenta la Fundación y de las conversaciones mantenidas con la Brigada de Patrimonio Histórico y con algunos trabajadores de Normadat.

El manuscrito desapareció entre las 12:00 h del día 20 y las 17:00 h del día 21 de marzo. Esta segunda entrega de manuscritos nunca estuvo depositada en el bunker, sino que un director de digitalización dejo los dos archivadores de anillas en una estantería junto a su mesa de trabajo en la sala industrial de digitalización industrial. Allí estuvieron los archivadores durante 29 horas, hasta que una escanista procedió al cotejo con el documento de entrega antes de empezar a digitalizar.

Durante esas 29 horas no saltaron las alarmas ni hubo ningún intento de intrusión externa en Normadat.

En dicha sala trabajaron en esos días 30 ó 40 personas repartidas en dos turnos. Por supuesto a dicha sala podían acceder otros directivos y trabajadores cuyo número desconocemos. Según consta en la documentación facilitada a la policía, dicha sala de operaciones de digitalización era accesible incluso para las visitas autorizadas, al mismo nivel que la recepción, la sala de reuniones, el despacho del director gerente, etcétera.

Podrían existir grabaciones de vídeo y un registro de personas que entraron en la sala, pero la Fundación no ha tenido acceso a los mismos.

28 de marzo: Siete días después de la desaparición Normadat comunica al director de la Fundación que "no se encuentra" el manuscrito del folder 44. El director de la Fundación se presentó inmediatamente en la empresa para aclarar lo sucedido sin que los trabajadores que le atendieron supieran darle una explicación convincente.

29 de marzo: El director de la Fundación denuncia la desaparición a la Brigada de Patrimonio Histórico de la Policía Nacional. La propia policía denuncia los hechos en el juzgado número 1 de Alcobendas (Madrid). La Brigada de Patrimonio Histórico le pide al director de la Fundación que no difunda la noticia de la desaparición porque existe el riesgo de destrucción del manuscrito si la persona que lo tiene en su poder se siente acosada.

30 de marzo: El gerente de Normadat le comunica en su despacho al director de la Fundación que no tienen constancia de la entrada del manuscrito en sus instalaciones y que el documento que firmo un director comercial recepcionando los manuscritos no había sido comprobado por la empresa.

12 de mayo: El juzgado número 1 de Alcobendas, siguiente el trámite ordinario, procede al archivo provisional "al no resultar motivos suficientes para acusar a determinada o determinadas personas como autores, cómplices o encubridores".

2013

Mayo: La Fundación contrata a la firma de abogados Écija, que se persona en el procedimiento penal del juzgado de Alcobendas.

27 de agosto: Se publica la primera versión de este sitio web.

28 de agosto: Tras numerosos intentos de contacto con el gerente de Normadat por parte de Ecija, la Fundación decide comunicar la desaparición del manuscrito. Una vez transcurrido el plazo de silencio absoluto que nos había solicitado la Brigada de Patrimonio Histórico, la Fundación tenía la esperanza de que el manuscrito hubiera cambiado de manos. Varios medios nacionales publicaron la noticia. Pulse aquí para entrar en el Área de Prensa.

10 de noviembre: Normadat S. A emite una nota de Prensa que publica el diario digital 20 minutos. Puede consultarla también en el Área de Prensa.

2014

3 de diciembre: se celebra una reunión entre la dirección de Normadat y la dirección de la Fundación con sus respectivos representantes legales. Aparentemente se llega a un acuerdo para realizar una investigación interna en Normadat y que la Fundación pueda conversar con los trabajadores.

2015

Durante 2015 hay varios intentos de cerrar la negociación pero no fraguan.

2016

6 de octubre: Normadat S. A. presenta una demanda en el juzgado de Alcobendas contra la Fundación-Archivo Rafael Cansinos Assens por "intromisión ilegítima en el derecho al honor" de la empresa, solicitando la eliminación de este sitio web que usted está leyendo ahora mismo y cualquier otra manifestación de contenido equivalente por cualquier

> **Normadat** interpuso una costosa demanda para silenciar a la **Fundación** y hacer desaparecer su sitio web. Perdió ante dos Tribunales de Justicia.

medio, que se desindexe de los motores de búsqueda, que se notifique a los proveedores de servicios de intermediación de busqueda la sentencia dictada, que se abstenga en el futuro de reproducir o difundir cualquier otra manifestación de contenido equivalente, que se publique la futura sentencia y que, como indemnización por daños morales, abone doce mil euros. La demanda considera que la desaparición de un manuscrito de Cansinos Assens no cumple con el requisito de ser un asunto de interés público, mientras que Normadat es un referente empresarial.

2018

9 de enero: se celebra el juicio en el Juzgado de Primera Instancia n.º 4 de Alcobendas de la demanda de Normadat S. A. contra la Fundación-Archivo Rafael Cansinos Assens.

21 de febrero: el Juzgado de Primera Instancia n.º 4 de Alcobendas dicta sentencia (n.º 63/2018) desestimando la demanda y condena en costas a Normadat S. A.

27 de marzo: la sentencia es recurrida ante la Audiencia Provincial de Madrid.

18 de abril: el Juzgado número 1 de Alcobendas, siguiendo el trámite ordinario, una vez que han transcurrido cinco años desde el suceso, declara extinguida la responsabilidad penal que pudiera derivarse de las diligencias abiertas en 2012 por prescripción y procede al archivo de la causa.

2019

27 de febrero: La Audiencia Provincial de Madrid , visto el caso por tres magistrados, desestima el recurso de apelación de Normadat y condena de nuevo a la empresa en costas.

Descripción del manuscrito desaparecido

La Fundación ARCA desea advertir que la difusión del contenido de la novela autobiográfica sustraída está prohibida, respetando la voluntad del escritor que nunca quiso su difusión, ya que su contenido afecta a la intimidad del propio escritor y las personas que giraban en su entorno, otros escritores del Modernismo.

Según la Ley 16/1985, de 25 de junio, del Patrimonio Histórico Español el manuscrito desaparecido está englobado en el Capítulo 1 (Del Patrimonio Documental y Bibliográfico) que en su punto 4 declara: "Integran asimismo el Patrimonio Documental los documentos con una antigüedad superior a los cien años generados, conservados o reunidos por cualesquiera otras entidades particulares o personas físicas." También está amparado por dicha Ley al haberse incoado un procedimiento de declaración de BIC ante la Comunidad de Madrid, ya que la Ley declara en su Artículo 11: "La incoación de expediente para la declaración de un bien de interés cultural determinará, en relación al bien afectado, la aplicación provisional del mismo régimen de protección previsto para los declarados de interés cultural."

DESCRIPCIÓN

- El manuscrito es del año 1905. Se trata de una novela de juventud que mezcla ficción con hechos y personajes reales.

- Su formato es de cuartilla apaisada de unos 20 cm de ancho x 15 cm de alto. Está manuscrito de puño y letra del autor en apaisado, en el lado más largo.

- El papel está muy envejecido y de color amarillento. Tiene muy poco gramaje.

- Se compone de 172 hojas manuscritas por una sola cara en tinta de pluma de color negro.

- Está firmado por el autor en la última página. Puede estar firmado como "Rafael Cansinos Assens" o "Rafael Cansino Assens" (Cansino, sin "s", que es su apellido original, modificado en esta época a "Cansinos").

- Debajo de la firma podría llevar una fecha cercana a 1905. También podría tener al final alguna palabra en hebreo.

- No está transcrito ni digitalizado. Fue sustraído antes de digitalizarse. Es completamente inédito.

- Es una obra completa que podría llevar por título "Memorias incompletas".

• El manuscrito en la última página, antes de la firma, termina con este texto:

"Aquí terminan estas memorias incompletas, que sólo tienen el mérito de su sinceridad. El hombre que las escribió cometió realmente esos delitos. Fue, con efecto, ladrón, sátiro y asesino, después de haber sido, durante cincuenta años, un hombre honrado. Los jueces desconcertados por este contraste sorprendente ante dos partes tan desproporcionadas de una vida, no hicieron cuenta de sus alardes de consciente cinismo, y recelando en él un trastorno mental, lo condenaron solamente a cadena perpetua. Según parece los médicos observaron en él asimetrías y estrabismos que confirmaban un estado de locura razonada."

(Este fragmento se ha conservado gracias a que un investigador, Francisco Fuentes Florido, realizó una tesis doctoral en 1978 y se refirió al manuscrito, copiando el párrafo final del mismo. Fuentes Florido, Francisco: Rafael Cansinos Assens : novelista, poeta, crítico, ensayista y traductor. Tesis doctoral bajo la dirección del catedrático Francisco Ynduráin Hernández. Universidad Complutense de Madrid, Facultad de Filosofía, Madrid, octubre, 1978.)

Imágenes de manuscritos de la misma época que el desaparecido

Aquí reunimos fragmentos de digitalizaciones de manuscritos con diferentes tipos de caligrafía y firmas, todos de la misma época, 1905-1906, que el manuscrito desaparecido en Normadat S. A. y que dicha empresa nunca ha devuelto a su legítimo propietario.

man_099_073_0001

man_099_085_0006

, habría dorado un poco de vida. Muchas veces
el asiento de un tranvía ó en la ruidosa
y junto á la mujer desconocida, tan tantas,
y bajo las luces modernas, como las buenas de

man_099_005_0003

a casa y como ya estaban todos acos
o tres veces)) ú otra cosa tan interesan
necesito un amor así, ve papaíto.
imen, que me quieran de un modo tranquilo.
en celos, con un hombre tan metódico.
írselo á él. Pero no lo hago y él no
no me adivine.

man_099_126_0005

casaremos juntos.

A CONTINUACIÓN ALGUNAS FIRMAS DE LA MISMA ÉPOCA, 1905-1906:

man_099_073_0007

man_099_085_0011

man_099_126_0009

UNA FECHA MANUSCRITA DE CANSINOS ASSENS

Información para anticuarios, museos, centros de documentación

Si usted es anticuario, pertenece a un centro de documentación, a un museo o a una institución similar debe conocer lo siguiente:

- No existen en el mercado manuscritos inéditos de Rafael Cansinos Assens, entendiendo por tales obras de creación de cualquier número de páginas. Todos los manuscritos existentes están en poder de la Fundación-Archivo Rafael Cansinos Assens. La familia del escritor nunca ha donado, regalado o vendido documentación del Archivo del escritor. Sólo hay dos excepciones en Buenos Aires y son perfectamente conocidas de la Fundación y la familia del escritor. Las circunstancias que envuelven a estas excepciones tienen una explicación coherente.

- En el mercado puede aparecer, por raro caso, muy raro caso, el manuscrito de alguna obra publicada en vida por el autor, porque alguna imprenta o editor lo conservara. La Fundación nunca ha tenido conocimiento de que haya aparecido un manuscrito de estas características, pero podría aparecer. La mejor forma de conocer su autenticidad es ponerse en contacto con la Fundación.

* En el mercado pueden aparecer y aparecen cartas escritas por Rafael Cansinos Assens bien porque el receptor (propietario de la misma) o sus herederos han decidido su venta. Recuerde que este caso hay que diferenciar al propietario del documento del derechohabiente, que es la familia del escritor.

* En el mercado no pueden aparecer cartas dirigidas a Rafael Cansinos Assens porque estos epistolarios los conserva la Fundación-Arca.

Si usted tiene conocimiento de algún manuscrito de Rafael Cansinos Assens, o de un epistolario, cuyo origen sospecha que no es legítimo, le rogamos que contacte con la Fundación.

Prensa

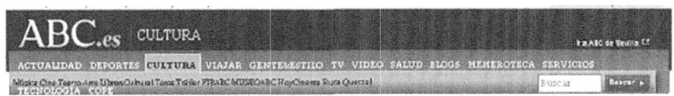

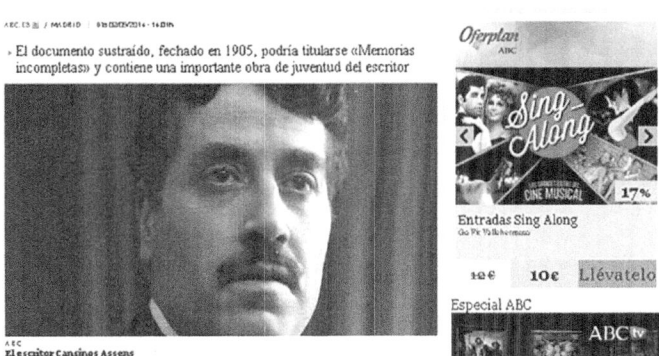

Roban un manuscrito inédito de Rafael Cansinos Assens
[*ABC*, 02-09-2014]

El documento sustraído, fechado en 1905, podría titularse «Memorias incompletas» y contiene una importante obra de juventud del escritor.

La Fundación Rafael Cansinos Assens (ARCA) ha denunciado la sustracción de un manuscrito inédito de Rafael Cansinos Assens. Fechado en 1905, está compuesto por 172 hojas y contiene una importante obra de juventud del escritor.

La Fundación ha anunciado a los medios que la sustracción, según la denuncia interpuesta, se produjo en la empresa de gestión documental y seguridad de la información Normadat S.A., con sede en San Sebastián de los Reyes (Madrid), y que la investigación corre a cargo de la Brigada de Patrimonio Histórico...

Leer la noticia completa en *ABC*: http://www.abc.es/cultura/libros/20140902/abci-robo-obra-cansinos-assens-201409021327.html

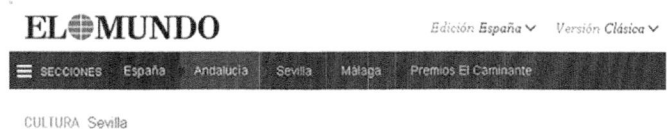

CULTURA Sevilla

Roban el manuscrito de una obra inédita de Rafael Cansinos Assens

○ La fundación con su nombre denunció la sustracción de este documento de 1905

○ La voluntad del escritor era que no se difundiera, al hablar de su vida más íntima

Roban el manuscrito de una obra inédita de Rafael Cansinos Assens [*EL MUNDO*, 02-09-2014]

La fundación con su nombre denunció la sustracción de este documento de 1905.

La voluntad del escritor era que no se difundiera, al hablar de su vida más íntima.

La Fundación Rafael Cansinos Assens (ARCA) ha denunciado a la Policía la sustracción de un manuscrito, compuesto por 172 hojas escritas por una sola cara, de una importante obra de juventud, fechada en 1905 e inédita, de Rafael Cansinos Assens (Sevilla, 1882 - Madrid, 1964).

Leer la noticia completa en *EL MUNDO*: http://www. elmundo.es/andalucia/2014/09/02/5405ade6ca-4741c9098b4572.html

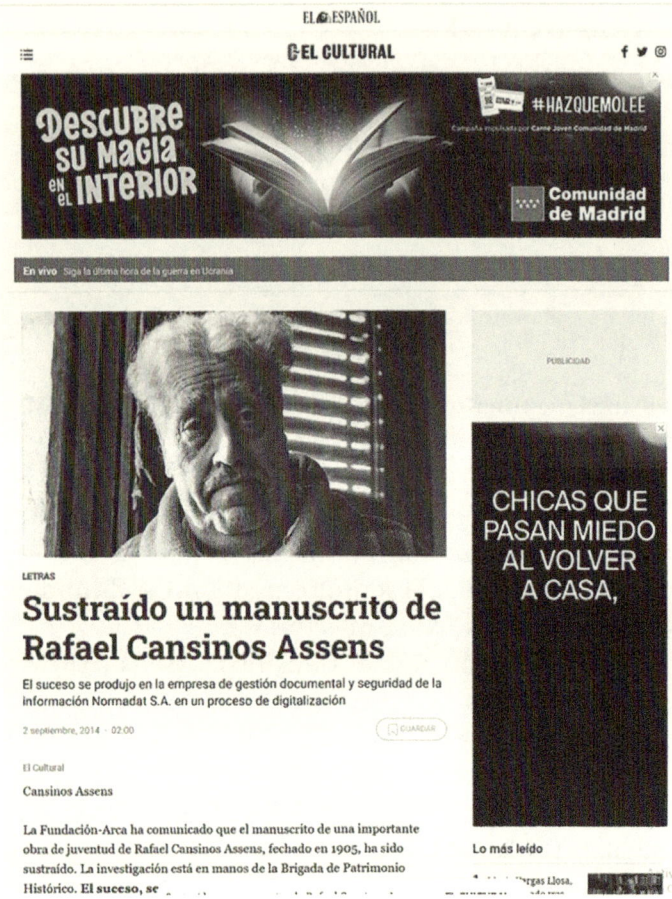

Véase también:

> *Europa Press*, 2-9-2014: https://www.europapress.es/ andalucia/fundacion-cajasol-00621/noticia-sevilla-cultura-fundacion-arca-denuncia-sustraccion-manuscrito-inedito-rafael-cansinos-assens-20140902172102. html
>
> *El Cultural*, 2-9-2014: https://www.elespanol.com/ el-cultural/letras/20140902/sustraido-manuscrito-rafael-cansinos-assens/13998948_0.html

Nota de Prensa emitida por Normadat S.A. en respuesta a la emitida por la Fundación:

Un juzgado archivó en 2012 la denuncia sobre la sustracción de un manuscrito de Cansinos Assens [*20 Minutos*, 10-11-2014]

El Juzgado de Instrucción número 1 de Alcobendas (Madrid) archivó en 2012 la denuncia sobre la sustracción de un manuscrito "inédito" de una obra de juventud de Rafael Cansinos Assens interpuesta por la Fundación Rafael Cansinos Assens (ARCA) contra la empresa Normadat S.A., empresa de gestión documental y seguridad de la información, según el auto al que ha tenido acceso Europa Press...

[La Fundación-ARCA desea aclarar que en esta nota de prensa de Normadat se obvia, para enmascarar la falta de diligencia en la custodia del manuscrito, que tras la realización de la investigación por parte de la Brigada de Patrimonio Histórico el juzgado dictó auto de sobreseimiento provisional en virtud del artículo 641.2 de la Ley de Enjuiciamiento Criminal. Esta decisión se toma cuando no ha sido posible identificar al autor o autores del delito aún cuando éste ha sido constatado. Es decir, que se trató de un sobreseimiento provisional que, como su propio nombre indica, puede reabrirse en el momento en que aparezcan nuevos indicios de cualquier índole o para la práctica de nuevas diligencias. Tal y como consta en el auto, el cierre provisional fue por no haberse descubierto aún la persona o personas contra quien dirigir la acción penal. Si como pretende Normadat el archivo se hubiera producido porque no existió hecho punible se hubiera utilizado otro número del citado artículo. Entre otras informaciones sesgadas, tampoco es cierto, como entrecomilla la nota de prensa, que Normadat pusiera a disposición de la Fundación "las grabaciones de su circuito cerrado de televisión, los documentos de registro interno, así como el registro de personas que habían accedido a la sala de tratamiento" o que la policía "tras realizar las investigaciones pertinentes no encontró ningún indicio que apuntara al paso del documentos por las instalaciones de la compañía".]

Leer la noticia completa en *20 Minutos*: https://www.20minutos.es/noticia/2292227/0/juzgado-archivo-2012-denuncia-sobre-sustraccion-manuscrito-cansinos-assens/#xtor=AD-15&xts=467263

¿Cómo devolver el manuscrito a la Fundación?

Si por la razón que sea el manuscrito está en sus manos y desea devolverlo a su legítimo propietario, en España hay un procedimiento muy sencillo y seguro: Diríjase a una Iglesia Católica y entréguelo bajo secreto de confesión. El Código de Derecho Canónico prohíbe absolutamente a los confesores usar del conocimiento adquirido en la confesión. Según el Derecho Canónico, el sigilo del confesor es inviolable y el sacerdote que revela algo que sabe por medio de la confesión incurre en pena de excomunión. Por eso muchas legislaciones como la española prevén una dispensa por la que no podrán ser obligados a declarar los eclesiásticos sobre hechos que les hubieran revelado en confesión, frente al deber general de decir la verdad que se exige a cualquier testigo.

En la Red hay amplia información sobre el procedimiento de confesión y sus garantías.

Además debe saber: Que con fecha 18 de abril de 2018 el procedimiento penal abierto en el Juzgado de Instrucción n.º 1 de Alcobendas fue archivado. Por prescripción está EXTINGUIDA LA RESPONSA-BILIDAD PENAL que pudiera derivarse por las diligencias penales relativas al hurto del manuscrito. Esto, obviamente, no significa que alguien pueda, por ejemplo, comerciar con el manuscrito, pero sí asegura que en caso de descubrirse al sustractor, no podrá ser perseguido judicialmente por este delito.

Que la responsabilidad de un trabajador por algún suceso relativo a la desaparición del manuscrito está EXTINGUIDA también, tanto por lo que prescribe el Código Cívil como el Estatuto de los Trabajadores.

El medio de contacto o la dirección postal más actual de la Fundación siempre se puede encontrar en **cansinos.org**